SERIE LIDERE

UNA VIDA
de
EXCELENCIA

CASA
CREACIÓN
A STRANG COMPANY

MARCOS WITT

Una vida de excelencia por Marcos Witt
Publicado por Casa Creación
Una compañía de Strang Communications
600 Rinehart Road
Lake Mary, Florida 32746
www.casacreacion.com

A menos que se indique lo contrario, todos los textos
bíblicos han sido tomados de la versión Reina-Valera,
de la *Santa Biblia*, revisión 1960. Usado con permiso.

Editado por Gisela Sawin
Diseño interior por: Grupo Nivel Uno, Inc.

Library of Congress Control Number: 2005939002

ISBN: 978-1-59185-835-5

Impreso en los Estados Unidos de América

08 09 ❖ 6 5 4

Contenido

INTRODUCCIÓN

VIVIR UNA VIDA
DE EXCELENCIA

*«Así alumbre vuestra luz delante de los
hombres, para que vean vuestras buenas
obras, y glorifiquen a vuestro Padre
que está en los cielos.»*
—MATEO 5:16

De forma clara, podríamos ponernos de
acuerdo y declarar que tenemos un Dios de
excelencia. Él es excelente en todos sus
caminos. Todo lo que lo hizo lo realizó con
excelencia. Su amor es excelente, su creación es excelente.

Tenemos el privilegio de ser embajadores
de nuestro Señor en la tierra y demostrar su
excelencia a través de nuestra vida.

Si le nombrara personalidades conocidas a través de la historia como: Leonardo da Vinci, Rembrandt, Vincent van Gogh o Claude Monet, automáticamente sabríamos que esos nombres están relacionados con el mundo del arte y la pintura. Eran hombres que, al finalizar su obra, firmaban con orgullo sus trabajos. Sus cuadros se mostraron alrededor del mundo, y, siglos después, millones de personas seguimos admirando las obras de estos hombres, porque las hicieron con absoluta excelencia.

Si menciono a Wolfgang Amadeus Mozart o Claude Debussy, nos daríamos cuenta que fueron hombres que al escribir sus obras musicales, las firmaron con orgullo y las expusieron a la opinión del mundo entero. Años después, seguimos escuchando su música y decimos: «Wau, ¡qué hermosa melodía!». Todos hemos disfrutado alguna vez del «Aleluya» de Haendel, y nos maravillamos ante esa pieza musical tan extraordinaria. Estos hombres le pusieron su firma a sus obras porque sabían que eran piezas de excelencia.

Mi reto es que a través de este sencillo libro, cada una de nuestras acciones y cada una de nuestras palabras estén tan bien hechas y dichas, que podamos firmarlas diciendo: «¡Esta es una obra de excelencia!». Porque la excelencia es una cualidad que nace en nuestro corazón y se expresa con los mejores recursos que poseemos en nuestras manos.

Que el cuadro de nuestra vida sea la mejor obra de arte que podamos presentarle a un mundo carente de modelos de excelencia. Mi deseo es que al terminar este libro, usted se inspire a ser la mejor publicidad de Cristo en esta tierra. Que el mundo vea nuestras buenas obras y glorifiquen al Padre que está en los cielos.

Con cariño,

Marcos Witt
Houston, Tx.
Abril, 2005

CAPÍTULO 1

EXCELENCIA
PERSONAL

Hace algún tiempo, escuché a un joven-cito de 15 años, a quien sus padres le ense-ñaron la importancia de vivir una vida más allá del nivel de mediocridad, decir: «No soy yo quien debe seguir al resto de mis compa-ñeros de escuela, pues no conocen a Dios y están a la deriva. No saben hacia dónde se dirigen. Ellos deben seguirme a mí. Yo sé a dónde voy y a quién sigo. Entonces se darán cuenta que seguir al Señor traerá excelencia a todas las áreas de su vida».

Al oír estas palabras, comprendí que esta generación de jóvenes que tiene un real protagonismo y anhela alcanzar la excelencia personal, ética, profesional, social, financiera y emocional, se transformará en testigo excelente ante un mundo en búsqueda. Este joven será un excelente testigo de la obra completa de Dios en una vida.

A través de toda la Biblia, Dios estableció un modelo de excelencia. Él quería mostrarnos cómo se debe vivir. Nos trajo vida en abundancia, paz y redención. El propósito era mostrarle al mundo que se puede vivir de otra manera. Es posible vivir una vida distinta: Una vida de excelencia.

Tenemos el poder de la Palabra de Dios y la presencia del Espíritu Santo morando en nosotros que nos guía, nos enseña y nos consuela. Nuestra vida puede ser de tanta excelencia que impacte positivamente al mundo. Nuestro deseo debería ser que la gente quiera ser como nosotros, y una vez saboree las cosas de Dios, gustará algo diferente. Al hacerlo, se dará cuenta que seguir a Cristo es delicioso, que no hay otra mejor manera de vivir.

EMBAJADORES DE LA EXCELENCIA

La excelencia debería ser un compromiso constante en nuestro camino. Debería atraer a los demás de la misma manera que las moscas son atraídas a la miel. El Señor es excelente en todos sus caminos, y todo lo que ha hecho lo hizo con excelencia. Somos sus representantes en esta tierra, y debemos manifestar su excelencia porque *somos portadores de su gloria*.

Por ejemplo: su Palabra es excelente. El Salmo 76:4 declara: «Glorioso eres tú, poderoso más que los montes de caza». La palabra «poderoso» significa «majestuoso, grande, excelente». Job 36:22 dice: «He aquí que Dios es excelso en su poder. ¿Qué enseñador semejante a él?».

Es increíble pensar que por cada lugar donde caminamos, lo hacemos con su gloria dentro de nosotros. Eso debería influir grandemente en las personas que nos rodean. La gloria de Dios debería afectar positivamente a nuestra familia, nuestros amigos, el gobierno y la sociedad. La pregunta que me hago es: ¿Cuánto realmente estamos afectando al mundo con la gloria del Señor que mora en nosotros? El profeta Isaías declara:

> *«Levántate, resplandece; porque ha venido
> tu luz, y la gloria de Jehová ha nacido
> sobre ti. Porque he aquí que tinieblas
> cubrirán la tierra, y oscuridad las naciones;
> mas sobre ti amanecerá Jehová, y sobre
> ti será vista su gloria.»*
> —ISAÍAS 60:1

Cuando regresamos a nuestra casa luego del trabajo, ¿qué ve nuestra familia en nosotros? Cuando entramos en nuestro lugar de trabajo, ¿qué ven nuestros compañeros en nosotros? Ellos deberían ver la gloria de Dios para que, como dijo Jesucristo: «vean nuestras buenas obras y glorifiquen al Padre».

Cuando caminamos por la tierra, *somos portadores de su presencia.* No importa dónde estemos, la presencia del Señor va con nosotros.

Cuando llegamos al trabajo con la presencia del Señor, estamos muy bien acompañados. Cuando asistimos a una reunión social con la presencia del Altísimo Dios, estamos bien acompañados.

> *«¿O ignoráis que vuestro cuerpo es templo del Espíritu Santo, el cual está en vosotros, el cual tenéis de Dios, y que no sois vuestros?»*
> —1 Corintios 6:19

Nunca olvidemos que nuestro cuerpo es templo del Espíritu Santo y, en todo lugar donde estemos, seremos un templo que llevará al Espíritu Santo. Caminamos sobre esta tierra llevando la presencia del Altísimo Dios con nosotros, y eso se evidenciará con la forma en que nuestra luz alumbre delante de los hombres. Como consecuencia de ello, al ver nuestras buenas obras, dice Jesús que los hombres deberían glorificar al Padre que está en los cielos.

Al mismo tiempo, *somos portadores de su carácter*. Sabemos conscientemente que a nuestro carácter le hace falta un ajuste. Pero somos portadores del carácter de Dios, y cada día se imprimen en nosotros sus características.

«Sed santos, porque yo soy santo» (1 Pedro 1:16). Cuando nos referimos al carácter de Dios, hablamos de su justicia, su santidad, su integridad, su humildad. Las personas que nos rodean necesitan ver el carácter de Dios en nuestros tratos de negocios, en la integridad en nuestra vida. Si tenemos el carácter de Dios operando en nuestra vida, la gente se dará cuenta que hay algo distinto en nosotros, que pensamos de otra manera, que vivimos y actuamos de otra manera. Esto debería dar como resultado el que glorifiquen a Dios al observar nuestras decisiones y actitudes.

Somos portadores de la personalidad de Dios. En el libro de Gálatas capítulo 5, se encuentra la lista de los frutos del espíritu: amor, gozo, paz, paciencia, benignidad, bondad, fe, mansedumbre y templanza. Esa es la personalidad de Dios, y debería ser la nuestra. Como cristianos comprometidos con el Señor, tenemos la gran responsabilidad de producir frutos que respondan a la calidad y personalidad de nuestro Dios.

LO QUE NO ES LA EXCELENCIA

Al hablar de la excelencia, tendremos que hablar de algunas de las actitudes que no la definen. Tal vez hemos tenido conceptos equivocados acerca de lo que es la excelencia. Por lo tanto, a continuación propondré algunas de las cosas que —en mi opinión— no lo son:

El perfeccionismo no es excelencia. El perfeccionismo es el excesivo fastidio por los detalles. Es un estado de ánimo que lleva a la persona a estar totalmente insatisfecha con el trabajo que tiene a la mano para hacer. Es el nunca estar satisfecho con nada, sin importar cuánto tiempo le ha costado hacerlo o cuántos detalles han sido cuidados al hacerlo. El perfeccionismo tiene sus raíces principalmente en una baja autoestima. En algunos casos de personas con necesidades emocionales no suplidas, se evidencia esta característica. Los golpes emocionales provocaron inseguridad en la vida de éstas e intentan cubrir el desorden emocional interior con un fastidio en los detalles exteriores. Eso no es ser excelente. Muchas personas parecen tener todas las cosas en orden y aparentan que todo en su vida anda bien, pero en su interior viven un desastre. La excelencia verdadera es la expresión exterior de paz interior.

Una vez leí algo que decía: «Un escritorio absolutamente limpio y ordenado es la señal de una mente enferma». Obviamente es una broma, aunque espero que sea cierto porque mi escritorio casi siempre es un desastre. La excelencia no es necesariamente tener todo absolutamente ordenado, aunque ser excelente sí incluye el elemento de tener las cosas en orden. Sin embargo, la excelencia es cuando tenemos paz interior a pesar de que las cosas que nos rodean no siempre son perfectas. Es tener la tranquilidad de saber que a pesar del desorden físico que pueda o no existir a nuestro alrededor, podemos vivir en paz y tranquilidad. La excelencia es una manera de pensar, una manera de vivir con paz en el interior.

El materialismo tampoco es excelencia. Tener mucho dinero o gastarlo en comprar extravagancias no define la excelencia. Tener una casa muy elegante, conducir un auto lujoso, vestir ropa costosa y tener alhajas muy elegantes no significa que uno es excelente. De hecho, conozco mucha gente que tiene muy poco dinero, pero que ejerce una vida de excelencia. Tal vez no posee ropa muy fina, pero siempre está presentable, planchada y limpia. Eso es excelencia.

Hace muchísimos años, visité la casa de un hombre que tenía mucho dinero, pero cuando uno entraba en su sala, se daba cuenta que él no tenía un compromiso con la excelencia. Sus muebles eran muy finos, pero estaban cubiertos con una capa de grasa porque nadie los limpiaba. Había telarañas en las esquinas de su palacio, y las cortinas eran muy finas, pero estaban cayéndose y deshilachándose por el descuido. Se puede tener mucho dinero, pero la excelencia es algo que se encuentra dentro del corazón. Es una actitud, una manera de pensar y vivir.

Crecí en los pueblos pequeños de México. Había una familia con la que convivíamos cuando éramos niños mis hermanos y yo. Era la familia Leal. A la mamá le decíamos «Hermana Lupe». Ella había tenido muchos hijos, como catorce, y tenían una casa muy humilde de tres o cuatro habitaciones. No tenían pisos elaborados, sino que eran de tierra, pero ella siempre los rociaba con agua para que no se levantara polvareda al caminar. Además, lo barría con una escobita hecha de ramas de mezquite, un árbol mexicano. No tenía mucho en cuanto a bienes materiales se refiere, pero la hermana Lupe tenía un espíritu excelente. Sus hijos no portaban vestimentas finas, pero siempre estaban limpias, planchadas y arregladas. Eso es tener un espíritu y una actitud de excelencia.

La excelencia no es tener bienes materiales, sino una actitud correcta, tener un compromiso en hacer lo mejor que podemos con lo que tenemos en nuestras manos. Ser excelente no tiene que ver con decir: «Tengo mucho dinero en el banco». Por otro lado, tampoco es decir: «Yo no tengo nada; pobre de mí…», haciendo sonar su violín de víctima. Es una actitud frente a la vida.

El legalismo no es la excelencia. La definición del legalismo es: «Añadir requerimientos a la Ley de Dios para supuestamente hacernos más aceptables ante Él». Entre otras cosas, el legalista dice: «No se vista de esa manera. No se peine así. Córtese el cabello. No hable de esa forma». El legalismo es un requisito humano que se añade a la Palabra de Dios con el fin de hacer sentir al hombre que al seguir estas reglas, se podrán sentir más cerca de Él o aceptable a Él. El error con esta manera de pensar es que no hay nada que usted y yo podamos hacer, pues Jesús ya hizo todo en la cruz. Cuando Él exclamó: «Consumado es» al estar clavado en la cruz del Calvario, en ese momento fue comprada nuestra total salvación. Al decir esas dos palabras, Jesús declaraba que no había nada que el hombre pudiese añadir o quitar a la obra perfecta de la redención obtenida a través de la sangre perfecta del Cordero derramada en la cruz. De hecho, esas dos palabras marcaron el fin de todo legalismo. Nada podemos hacer delante del Señor para obtener la salvación más que tener fe en su obra poderosa de redención (Romanos 10:9).

En cierta ocasión, escuché a un pastor declarar algo terrible: «Si no tiene un auto de tal modelo, no puede seguir asistiendo a esta congregación». Hay muchos errores en esa frase, pero el que quisiera subrayar en esta ocasión es que una persona que iguala prosperidad con excelencia, simplemente no tiene un entendimiento de lo que realmente es la excelencia.

La excelencia no se trata de excluir a la gente ni de hacer cosas para quedar bien con los demás, Dios o alguna organización y sus listas de reglas. La excelencia tiene que ver más, entre otras cosas, con hacerle ver al mundo la gloria de nuestro Señor que mora en cada una de nuestras vidas.

Somos la mejor publicidad de Cristo en esta tierra

Pablo escribió a los colosenses:

> *«Y todo lo que hagáis, hacedlo de corazón, como para el Señor y no para los hombres.»*
> —COLOSENSES 3:23

La excelencia en nuestra vida es la mejor publicidad de Cristo en esta tierra. Cuando los demás ven nuestras buenas obras, deberían glorificar al Padre que está en los cielos. Es la mejor publicidad que el mundo podría tener acerca de nuestro Cristo.

¿Qué clase de publicidad está viendo la gente en nuestra vida? Mi deseo es que vean a un Cristo hermoso, sonriente, que produce excelencia en nuestra vida a través de la gloriosa presencia de su Santo Espíritu en nosotros. No se trata de quedar bien con nadie, se trata de que el Señor quede bien ante el mundo. Se trata de que deseen conocerlo, porque ven nuestras acciones, nuestras palabras, nuestra familia, nuestros negocios, y dicen: «¡Qué vida tan extraordinaria! Yo quisiera ser como él». Entonces se acercarán y nos preguntarán: «¿Cómo le hago para tener lo que usted tiene?». Eso es tener excelencia.

Firmemos cada una de nuestras acciones y nuestras palabras como si fuera una obra maestra que todo el mundo pueda ver y disfrutar. Debemos hacer lo mejor que podemos dentro de nuestros conocimientos, posibilidades y recursos.

Cada uno de nosotros debe tener el compromiso de desarrollar una actitud de excelencia en cada actividad que nos toque desempeñar. Si usted es músico, interprete su instrumento lo mejor que pueda. Si sólo tiene un traje, procure que siempre esté limpio y planchado. Si usted es banquero, sea el mejor banquero de la ciudad. Si usted es profesor o maestro, sea el mejor de toda la escuela. Si usted es carpintero, pintor, plomero, albañil, obrero, granjero o ejerce cualquier otro oficio o profesión, asegúrese de ser el más destacado dentro de su rama de trabajo, ya que el Espíritu Santo mora dentro de su vida. La excelencia es hacer lo mejor con lo que tenemos en nuestras manos… con una buena actitud. De esta manera, el mundo verá nuestras buenas obras y glorificará al Padre que está en los cielos.

Dios quiere que seamos excelentes.

LA EXCELENCIA ES HACER
LO MEJOR QUE PUEDA CON LO
QUE TENGO EN MIS MANOS…
CON UNA BUENA ACTITUD.

CAPÍTULO 2

EXCELENCIA ÉTICA

Una tarde, cuando era apenas un niño, mi mamá me mandó a comprar leche a una tienda llamada «La Simpatía» mientras ella me esperaba dentro del automóvil. Al regresar con la leche en mano, traía en la boca un dulce de "Tom y Jerry". Lo primero que preguntó al verme fue de dónde había tomado ese dulce.

—De la tienda, mamá —respondí tranquilamente.

—Y, ¿cómo lo pagaste?, —fue su siguiente pregunta.

—No lo pagué, —en realidad no lo había hecho.

—¿Cómo que no lo pagaste? ¿Te lo regaló alguien?

—No, y traigo además otros en mi bolsa.

—Pero, ¿cómo los tomaste?, —inquirió con subido tono de voz.

—Mamá, todos los niños lo hacen —fue mi desprejuiciada contestación.

En ese mismo instante, mi mamá giró el volante del auto y regresó a la tienda. Me hizo escupir el dulce sobre su mano, entrar a la tienda y dejar todos los que tenía en la bolsa. Me hizo parar frente a una de las trabajadoras que todos los niños del barrio queríamos mucho, la Sra. Aurora, para pedir disculpas. La Sra. Aurora le explicó a mi mamá que frecuentemente nos regalaba los dulces, pero mi mamá le dijo que la forma en que yo me los había autoadjudicado era el error en esta ocasión.

Desde muy temprana edad, mi mamá me enseñó ética para la vida. Me habló claramente acerca del bien y el mal. Estableció fronteras y nos enseñó honestidad. Desde niños, mis hermanos y yo formamos un criterio sobre lo que es bueno y lo que no lo es.

Hoy en día, mucha gente intenta separar la ética en diversas ramas como: ética profesional, ética ministerial, ética social y ética personal, entre otras. Sin embargo, mi reto en este capítulo es que usted piense que su vida entera debería expresar excelencia en la ética.

ÉTICA PARA LA VIDA

Según el diccionario, la ética es una «disciplina filosófica». En otras palabras, hay reglas, normas y fronteras en nuestra manera de pensar que forman una disciplina. Es aquello que rige nuestra conducta y comienza en nuestra manera de pensar. Es «distinción entre el bien y el mal».

Al entrar en primer año de primaria, comencé a escuchar una frase que usaban algunos de mis compañeros que tenía que ver con «la madre de las otras personas». Cada vez que ellos pronunciaban esa frase, lo hacían en forma despectiva, fuerte. En mi inocencia, pensé que esto era algo culturalmente aceptable porque todo el mundo en mi salón de clases lo decía.

Recuerdo que un día llegué a mi casa, y la Hermana Esther, una señora cristiana que ayudaba a mi mamá en los quehaceres domésticos, estaba planchando. Al verla, le pregunté si podía hacer algo, a lo que ella me respondió negativamente. Como no me gustó su respuesta negativa, le dije con mucha naturalidad la frase que había escuchado de mis amiguitos en la escuela. Después de eso, lo único que recuerdo es que la Hermana Ester dio un tremendo grito y dijo: «¡LA SANGRE DE CRISTO!». Me paralicé a causa de la sorpresa de su alarido, y mi mamá, que estaba en la sala, inmediatamente preguntó qué había ocurrido. Creyó que a la Hermana Ester se le había caído la plancha al suelo, pero ella estaba tan sorprendida con lo que yo había dicho que no tenía palabras para contar lo ocurrido: «¡Hermana Nola (así se llama mi mamá), Hermana Nola! ¡Ayyyyy! No puedo ni contarle lo que Marcos me acaba de decir». Fue en ese instante que me di cuenta que algo muy malo acababa de suceder.

Ese día, me identifiqué mucho con mi Señor, ya que recibí lo que parecían «cuarenta azotes menos uno». Entró mi papá a la habitación y ejercitó su brazo derecho en mi parte posterior. Esa paliza estableció una frontera muy clara y fuerte en mi vida. Hasta la fecha, nunca he vuelto a mencionar la mamá de nadie en el mismo sentido que en aquella ocasión.

LA IMPORTANCIA DE LAS REGLAS

Debemos estudiar a diario la ética que rige nuestra vida, y establecer nuestras reglas y fronteras de acuerdo a la Palabra de Dios. Debemos revisar nuestros pensamientos e identificar si están en conflicto con la Palabra de Dios, porque ésta contiene las reglas de ética más importantes que podamos conocer. La Biblia es la máxima autoridad en cuanto a «disciplina filosófica ética».

El número escrito en los letreros de la carretera determina a qué velocidad se debe conducir en esa ruta. Si sobrepasamos esa velocidad, corremos el riesgo de morir y aun lastimar a aquellos que están a nuestro alrededor. Las fronteras nos protegen. Lo mismo sucede si no utilizamos el cinturón de seguridad. Los accidentes automovilísticos pueden ser fatales si no llevamos puestos ese cinturón que es una restricción para nuestra protección.

En muchos aeropuertos, hay detectores de metales. Cada vez que pasamos por alguno de ellos, nos harán quitar el cinturón o los zapatos. Y si uno parece sospechoso, quizás nos quiten toda la ropa para verificar que no llevamos nada peligroso. Pero gracias a Dios que esos detectores están allí, porque nos protegen de algún atentado que pueda ocurrir en ese avión. Es una regla impuesta que en ocasiones provoca incomodidad, pero que sirve para nuestra seguridad. Vivir en una nación que tiene reglas es una bendición.

Las reglas aseguran el nivel de comportamiento y progreso

Las reglas y los límites determinan nuestro progreso, y la ética nos ayuda a medirlo.

Por ejemplo, por mi experiencia como piloto de avión, sé que si cargo demasiadas personas en mi avioneta, la lleno de combustible, le agrego cajas y maletas con un sobrepeso considerable, no podré despegar y el resultado final de eso no será nada agradable.

Las reglas, las normas y la ética nos protegen, nos ayudan a saber cómo avanzar y mantener un alto estándar de excelencia. El elevado estándar de excelencia de la Palabra de Dios nos anima a procurar hablar mejor, pensar mejor y vivir mejor.

Las reglas y fronteras establecidas por el Señor son para ayudarnos a ser excelentes cada día. Desde la caída de Adán en el huerto del Edén, el estándar de vida empeora cada vez más. Nuestra condición pecaminosa nos lleva a un deterioro natural. Pero el

Señor quiere que mejoremos, alcanzando un nivel de excelencia que supere la mediocridad que rige el mundo.

El Señor dijo: «Mas la senda de los justos es como la luz de la aurora, que va en aumento hasta que el día es perfecto» (Proverbios 4:18).

Asimismo, el libro de filipenses declara: «El que comenzó en vosotros la buena obra, la perfeccionará» (1:6). Iremos de mal a mejor y de mejor a excelente. El Señor perfeccionará su obra en nosotros.

LA REGLA QUE DEBE GOBERNAR

La Biblia enseña «la regla» sobre todas las reglas. La enseñanza básica es: «Todas las cosas que quieras que los hombres hagan contigo, así también has tú con ellos». Esa es la excelencia ética.

Pensemos acerca del impacto que tienen nuestras palabras sobre las demás personas.

¿Cómo queremos que las personas se dirijan a nosotros? ¿Queremos que no nos hablen con tono déspota o agresivo? Entonces, dejemos de hablarle a los demás así.

¿Queremos que nos hablen con la verdad? Entonces, hablemos con la verdad.

¿Queremos que sean honestos con nosotros? Entonces, debemos ser honestos con ellos.

¿Queremos que nos hablen cariñosamente? Entonces, hablemos de esa misma forma.

La regla número uno de la excelencia ética es: «Amarás a tu prójimo como a ti mismo» (Mateo 22:39). Dentro de ella, podemos abarcar todas las demás. Si en el mundo de los negocios se rigieran con la regla de oro que nos dejó nuestro Señor Jesucristo, no tendríamos fraudes como los que hemos visto en los últimos años. Si hubieran aprendido la regla de oro, no habría líderes ni directores de compañías que se condujeran como déspotas, egoístas y egocéntricos, que toman el dinero para ellos y se olvidan de la gente que trabaja en su empresa.

Si pusiéramos en práctica esta regla en los matrimonios, no habría tantos divorcios como los hay. Si esta regla funcionara en todas nuestras relaciones, no tendríamos pleitos ni demandas los unos contra los otros. Hoy en día, existen más demandas alrededor del mundo de las que jamás hayan existido en la historia de la humanidad, y la causa de ello es que se han olvidado de esta regla de ética que el Señor nos dejó.

Dios quiere que usted y yo cambiemos esa realidad. Comencemos a tratar a los demás como queremos que nos traten. El Señor nos honrará de tal manera, que la gente se maravillará al ver las bendiciones de Dios en nuestra vida.

Amar a nuestro prójimo como a nosotros mismos es la regla. Pero si queremos recibir el amor de nuestro prójimo, primero tendremos que darles amor. Hay un dicho popular que dice: «Para ser respetado, hay que darse a respetar».

La excelencia ética es simplemente recordar que así como quiero ser tratado, trataré a los demás, ya sea en la familia, el matrimonio, con las amistades o los vecinos.

En Sudamérica, conocí la historia de un hombre a quien cada mañana su vecina barría el polvo y la basura del lado de su acera o vereda hasta el lado de la de su vecino. El vecino afectado, que por cierto era cristiano, salía a la vereda de su casa y, al ver la basura, tomaba su escoba y decía: «Señor, bendigo a mi vecina». Esto lo repetía todos los días, día tras día. Quienes sabían de este problema pensaban que ese cristiano estaba loco, al bendecir a una vecina que cada día barría su escombro al lado de su vecino. Un día, la vecina fue a verlo y le dijo: «Al ver que no te enojabas con lo que yo te hacía, me di cuenta que eres cristiano de verdad, y quiero que me hables de ese Jesús que tienes porque lo quiero conocer. Nunca había conocido a una persona como tú en toda mi vida. Algo te hace distinto».

Eso es tener una mentalidad de excelencia: hacer lo mejor que podemos con lo que tenemos en nuestras manos y mostrar una buena actitud. Esto refleja a Cristo, a un Cristo extraordinario. Al fin de cuentas, usted y yo somos la mejor publicidad que Cristo tiene en esta tierra.

EL PROPÓSITO FINAL
DE LA EXCELENCIA

«Y todo lo que hacéis, sea de palabra
o de hecho, hacedlo todo en el nombre
del Señor Jesús, dando gracias a Dios Padre
por medio de él.»
—COLOSENSES 3:17

Firmemos todos nuestros actos, nuestros dichos, nuestras actitudes y nuestras acciones con el sello de la excelencia. Necesitamos mostrarle al mundo un estilo de vida extraordinario para que anhelen ser como nosotros.

Concluyo este capítulo con una breve anécdota que subraya lo que le estoy enseñando. Durante nuestra última mudanza, la casa estaba rodeada de cajas por todos lados. Las personas que nos ayudaban en el traslado de las cosas, una vez que finalizaron el arduo trabajo del día, optaron por quedarse otra media hora más charlando con mi esposa, Miriam, y le pidieron que les hablase del mensaje de Cristo. Ellos fueron atraídos por el Cristo que vive en mi esposa. El espíritu dulce y amoroso que tiene mi mujer atrae a las personas. Cuando ellas notan ese espíritu diferente, es tan sobresaliente que les llama la atención. Ese espíritu dulce y amoroso de Miriam me atrajo a mí hace muchos años, y me sigue atrayendo. Estoy convencido que esas personas, a pesar de estar cansadas de un largo día de trabajo, sentían la paz de Dios en nuestra casa, la paz de Dios en mi esposa y en mi familia. Esa es la mejor publicidad que todo cristiano puede mostrar acerca de Cristo. Cuando lo vean, descubrirán la vida de excelencia que Cristo puede traerles también a ellos.

CAPÍTULO 3

EXCELENCIA
PROFESIONAL

*«Vosotros sois la sal de la tierra; pero si la
sal se desvaneciere, ¿con qué será salada?
No sirve más para nada, sino para ser
echada fuera y hollada por los hombres.»*
—MATEO 5:16

Al investigar algunos datos sobre la
importancia de la sal, descubrí que
tiene más de trece mil aplicaciones y usos en
diferentes campos e industrias. Por ejemplo,
la sal hace posible la fabricación de vidrio,
jabón, plástico, papel, pinturas, hule sintético,
cosméticos, medicamentos y pilas eléctricas.

Suele emplearse en muchas instalaciones frigoríficas para transportar el frío a través de un líquido hasta las cámaras de refrigeración, debido a la baja temperatura de congelación de la salmuera, que le permite transmitir el frío a través de un líquido que no se congela ni se cristaliza. Pero lo que me asombra siempre es entender que —durante los tiempos de Jesús— la sal era muy utilizada en la alimentación, sobre todo para la conservación y preservación de los alimentos.

Cuando el Señor dijo que debíamos ser la sal de la tierra, nos indicaba que debíamos preservar la buena vida, los buenos modales, la moralidad, la rectitud. Tenemos el privilegio de ser la sal de la tierra.

Luego, Jesucristo dijo: «Vosotros sois la luz del mundo; una ciudad asentada sobre un monte no se puede esconder» (5:17).

Cuando alguien mira a un cristiano y ve que es el mejor en su ramo profesional, el mundo comienza a medir el estándar que esta persona establece. Esa debería ser la tarea del cristiano: establecer el estándar de la excelencia ante el mundo.

Debemos ser sal y luz en la tierra, al establecer un elevado estándar de excelencia, y ser los mejores, por tener al Creador del universo viviendo en nosotros y el Espíritu Santo acompañándonos a todos lados.

Luz que alumbra y no oscurece

Lamentablemente, en muchos lugares, los cristianos no somos lo que debiéramos ser. Hablé con un amigo que es empresario de una compañía muy grande, y me explicó que él prefería venderles a clientes que no fueran cristianos, porque se le dificultaba mucho cobrarles en tiempo y forma a quienes eran cristianos.

Otro empresario me contó que había llamado a un cristiano para cobrarle una factura y el hombre le dijo que él no tenía ninguna deuda, ya que Cristo había pagado todas sus deudas en la cruz del Calvario. Ese es el problema, que los cristianos muchas veces aprovechan oportunidades —en el nombre de Jesús— para evitar pagar deudas o mostrar comportamientos faltos de ética. Dios nos llamó a ser luz para alumbrar y no para oscurecer.

Después conocí a otro empresario que me dijo: «Marcos, mis mejores empleados son cristianos». Agregó además: «Quisiera que todos en mi empresa lo fueran, porque son mis mejores trabajadores. Son puntuales en el horario de trabajo y un ejemplo en cuanto a comportamiento y responsabilidad. Asisten a una congregación donde el pastor es excelente y les enseña acerca de la excelencia». Debería ser así en todas las congregaciones del mundo. Desgraciadamente, eso no ocurre en todos lados.

Muchos no han tomado el compromiso con la excelencia como parte del mandato de nuestro Señor. No adquirieron el compromiso de alumbrar delante de los hombres para que «vean nuestras buenas obras y glorifiquen al Padre que está en los cielos».

PROFESIONALES PARA AMÉRICA LATINA

En América Latina, hay un gran problema de ausencia de profesionales cristianos en nuestra cultura. Por mucho tiempo, y por alguna razón desconocida, los líderes y pastores exhortaron a los jóvenes de sus congregaciones a no estudiar. Personalmente me pasó hace unos años. Tendría 16 o 17 años cuando un líder bueno y bien intencionado me dijo: «Marcos, no estudies porque Cristo viene pronto, y hay mucho trabajo que hacer». Esas palabras trajeron confusión a mi vida. Aunque aquellas personas tenían buenas intenciones, me estaban dando un mal consejo.

Cuando le conté a mi papá lo que me habían dicho, con mucha sabiduría me dijo: «¿Qué tiene de malo que venga el Señor y te encuentre preparándote para ser excelente en lo que harás?». ¡Qué buen consejo!

Dios quiere que nos preparemos para ser los mejores. ¡ESTUDIE! ¡Qué bueno que estudié de todas maneras, porque han pasado muchos años y aún no ha regresado el Señor!

Hace algunos meses, recibí un correo electrónico de un pastor que estaba molesto conmigo por aconsejar a los jóvenes que estudiasen. Él decía que la universidad es el enemigo número uno de la iglesia cristiana. Mi respuesta fue: «Hermano, la ignorancia es uno de los enemigos más grandes de la iglesia. Si fundamentamos bien a nuestros jóvenes en la Palabra de Dios, cuando lleguen a la universidad, ninguna filosofía los podrá hacer titubear. El problema es que la mayoría de nuestros jóvenes llegan a la universidad con muy poca preparación para enfrentar las filosofías del hombre en esas instituciones, y por eso dudan de su fe. Hagamos un mejor desempeño como líderes para preparar a nuestros jóvenes a permanecer firmes cuando su fe es atacada».

Fundamentar nuestra vida en la Palabra de Dios es imprescindible. Debemos aceptar que muchas veces los jóvenes van a la universidad y allí les enseñan algunas barbaridades, pero si ellos están fundamentados en la Palabra, cualquier cosa que les enseñen fuera de ésta, no los moverá.

América Latina necesita de jóvenes que sean sal y luz donde estén. Necesitamos médicos, políticos, maestros y profesores. Desde niños, escuchamos decir que la política es corrupta, pero déjeme proponerle que eso no es así: los políticos son los corruptos. Una vez tengamos mejores políticos, tendremos mejor política. Es necesario formar políticos dedicados a la excelencia, que amen a su gente, que sirvan a su pueblo y lo ayude.

Necesitamos artistas cristianos que hagan un buen papel y lleven dignidad a la cinematografía. Necesitamos músicos que canten canciones hermosas e interpreten música que glorifique al Señor, que edifique y no destruya.

Hace falta excelencia en el mundo profesional, y los cristianos debemos ocupar ese lugar al presentar nuestro trabajo. Debemos tomar espacios dentro de la política, la educación, la economía, el comercio, la industria, las ciencias, el arte, las comunicaciones y demás áreas. En fin, cualquier lugar donde podamos hacer que la luz de Jesús brille en las tinieblas.

CRISTIANOS EN EMINENCIA

Aunque en la actualidad hay muchos cristianos alrededor del mundo que marcan la diferencia a través de la excelencia en su trabajo, quisiera que me acompañe a descubrir algunos personajes bíblicos que desempeñaron su profesión y actividad con excelencia.

Lucas —quien fue médico, filósofo, escritor y uno de los discípulos de Jesús— escribió dos de los libros importantes de la Biblia. Necesitamos autores como Lucas, que escriban textos que se destaquen por su calidad y mensaje.

Ester fue reina de una nación. Era una muchachita humilde que se transformó en una gran estratega junto a su tío Mardoqueo. Ellos salvaron a toda una nación, simplemente porque se dispusieron a trabajar con excelencia y dijeron: «Heme aquí, envíame a mí».

Moisés creció en el palacio de Faraón. Era un hombre culto, preparado, pero Dios tuvo que quitarle algo de la cultura que poseía para finalmente, cuando dispuso su corazón, poder ser usado de una manera tremenda.

Me impacta la vida de Daniel, un muchacho que fue esclavo y terminó como primer ministro y consejero del rey. Daniel había propuesto en su corazón no contaminarse. Eso es tener una actitud y un espíritu de excelencia.

«En todo asunto de sabiduría e inteligencia que el rey les consultó, los halló diez veces mejores que todos los magos y astrólogos que había en todo su reino.»
—DANIEL 1:20

El rey encontró a Daniel diez veces mejor que todos los demás. Así debería ser con nosotros, que cuando digamos que somos cristianos, las personas automáticamente reconozcan que somos diez veces mejores que los demás profesionales. ¿Tenemos posibilidades de llegar a ser así? Claro que sí... Juntos podremos lograrlo.

Un sueño posible

Sueño con el día en que América Latina tenga profesionales cristianos en todas las áreas y niveles culturales. Que al mostrar la excelencia del Señor y ser sal y luz, cambien la realidad de Latinoamérica a través de su vida, su ejemplo, sus acciones, su trabajo y su liderazgo.

Imaginemos la influencia positiva que podríamos tener en el mundo si aceptamos darle pie a la excelencia. Para que esta enseñanza quede grabada en nuestra mente, preparé un acróstico:

Dele «PIE» a la EXCELENCIA.

Prepárese: En una ocasión, Dios usó a un burro, pero Él prefiere usarnos de ser necesario. Estudie, lea, aprenda, viaje, escuche, inscríbase en cursos. Prepárese continuamente. Quítese esas limitaciones y barreras intelectuales, culturales y sociales que nos impiden salir adelante. Compre buenos libros y aproveche cada momento disponible para leerlos.

> *«Procura con diligencia presentarte*
> *a Dios aprobado.»*
> —2 TIMOTEO 2:15

Involúcrese: Muchos podrían ser usados por Dios si tan sólo realizaran algo. ¡Si pusieran un pie del otro lado para hacer algo! Una noche estaba componiendo una canción que decía: «Levántate, Señor». Minutos después, el Señor me dijo: «Hijo, yo me levanté hace mucho. Ahora levántese usted. Involúcrese».

Use sus dones, aproveche su preparación. No tienen que ser grandes obras, sino obras propias. «Que vean tus buenas obras y glorifiquen al Padre». Nunca alcanzaremos la cima de nuestros sueños si no accionamos. Una visión sin acción es sólo una ilusión. Acciónese hacia la excelencia.

Esfuércese: Supérese continuamente. Sea el mejor en el área que desempeña. Distíngase por ser experto. Que se acerquen otros a buscar su opinión por ser el mejor y, además, cristiano. No será por casualidad, sino que glorificarán al Padre que está en los cielos cuando vean nuestras buenas obras.

Me impacta y bendice ver a los grandes líderes del mundo consultar la opinión de Billy Graham para saber lo que los cristianos piensan acerca de determinados temas. Reconocen en él un espíritu superior, como lo reconocían en Daniel y lo reconocerán en usted y en mí, si consolidamos un compromiso con la excelencia como lo han hecho estos grandes hombres de Dios. Dice en Proverbios: «¿Has visto hombre solícito en su trabajo? Delante de los reyes estará» (Proverbios 22:29).

Algún día nos sorprenderemos cuando Dios nos ponga delante de los reyes, porque somos solícitos y excelentes en todo lo que hacemos. Sin embargo, no es el producto de la casualidad, sino de la disciplina, el compromiso, las lágrimas y el sudor para alcanzar la excelencia.

Una maestra me dijo: «De aquí a cien años no me importará cuánto dinero tenga en el banco ni el auto que maneje, sino el impacto que he causado en una vida».

Dios nos ha llamado a ser «el mejor» en lo que hacemos: el mejor barrendero, jardinero, médico, político, músico, cantante. Simplemente, «el mejor».

CAPÍTULO 4

EXCELENCIA
SOCIAL

Hace muchos años, en México, D.F., me
invitaron a un desayuno en la casa presiden-
cial llamada «Los Pinos». Asistieron varios
líderes de diferentes lugares del país.

Estaba muy emocionado por lo que
sucedería aquel día. Recuerdo que me compré
un traje y una corbata nueva para estrenar
aquella mañana. Todos estaban muy elegantes, incluso los meseros. Ellos tenían una
servilleta blanca que colgaba del antebrazo
en actitud servil. La mesa estaba servida elegantemente, y tenía diferentes tipos de
copas, cubiertos de diversos formatos y

varios platos apilados. Cada uno de aquellos utensilios tenía un propósito determinado y requería de algo de cultura para saber por dónde empezar.

Nunca olvidaré que cuando oraron por los alimentos, permanecí con los ojos casi cerrados para ver qué tenedor tomaba el caballero ubicado a mi derecha y comenzar a comer, pero mientras yo lo miraba a él, él me miraba a mí para saber exactamente lo mismo. ¡Nos encontrábamos en el mismo dilema!

Entonces recordé una visita a la casa de mi tía durante un verano cuando tendría algunos 14 años de edad. Una mañana, ella me despertó y me dijo: «Marcos, el Señor me habló anoche y me mostró algo importante. Quiero que te levantes, te bañes, te vistas elegantemente y vengas al comedor». Mi respuesta fue: «Pero tía, tenía tantos deseos de seguir durmiendo». Ella insistió, y tuve que hacer lo que ella me sugirió. Cuando fui al comedor de la casa, observé que había puesto la mesa con toda su platería, su porcelana, su cristalería y demás cosas. Al verme, me dijo: «Marcos, anoche el Señor me dijo que algún día comerás con presidentes y reyes, y debes estar preparado para ese momento».

El Señor le había mostrado a mi tía lo que años después realmente ocurrió. Aquel día, ella me dio un curso de ceremonia y protocolo. Esa mañana, aprendí cuál cubierto era el que correspondía a cada tipo de comida, cuál era la copa indicada para cada clase de bebida y el plato designado a cada tipo de alimento. Me enseñó a no hacer ruido con la boca mientras comía, cómo colocar la servilleta sobre mis piernas y otros detalles más.

Años después, estaba sentado en la casa «Los Pinos», junto al presidente de la nación mexicana. Y mi oración se transformó en un ruego: «¡Señor, recuérdame todo lo que mi tía me enseñó!».

Dios dice en su Palabra que los diligentes estaremos delante de los reyes. Él quiere que seamos personas de excelencia, que con diligencia y perseverancia hagamos tan bien nuestro trabajo que los reyes y presidentes nos llamen a nuestro teléfono móvil, al celular, para invitarnos a comer a su palacio y los aconsejemos. Pero para poder llegar a ese lugar, primero debemos saber comportarnos correctamente en una mesa elegante.

¿Cómo nos dirigiremos a un presidente al saludarlo? Hay determinadas pautas de protocolo que debemos seguir, y necesitamos aprenderlas. Dios quiere que seamos excelentes en nuestro trato social, dentro y fuera del pueblo cristiano.

Un modelo de vida

Jesús vino a esta tierra con una misión: proveer para nosotros un modelo de vida. Al estudiar su vida, sabremos cómo debemos vivir. Al leer en la Biblia la forma en la que Jesús hablaba, sabremos cómo debemos hablar. Cuando conocemos cómo Él trataba a las personas, sabremos cómo tratar a los demás.

Cada uno de los relatos en los que se describe a Jesús, refleja su manera de desenvolverse en la vida. Cuando asistió a una fiesta de bodas, fue comedido y ayudó a los novios ante un problema que debían resolver: se habían quedado sin vino. Cuando Lázaro murió, Jesús fue a ver a Marta y María, y las consoló. Cuando los niños se le acercaban y los discípulos querían alejarlos, Jesús les pedía que no lo hiciesen, que dejaran que los niños se acercasen a Él.

Jesús prestó atención a todos los detalles de la vida, e igual debiéramos hacer usted y yo. Él nos muestra cómo vivir en esta tierra. Jesús vivió una vida comprometida con la gente. Cuando oró, dijo: «No ruego que los quites del mundo, sino que los guardes del mal» (Juan 17:15).

Hay cristianos a lo largo del mundo que dicen: «Señor, quítame de este mundo, pues es muy difícil vivir en él». Pero Jesús oró exactamente lo opuesto. Él dijo: «Señor, no los saques del mundo, sino cuídalos, guárdalos».

No podemos meternos en una burbuja cristiana para vivir en este mundo. Muchas veces utilizamos el cristianismo como una excusa para aislarnos y no ser sal y luz en nuestra sociedad. Jesús dijo: «No son del mundo, como tampoco yo soy del mundo» (Juan 17:16).

«No os conforméis a este siglo, sino transformaos por medio de la renovación de vuestro entendimiento, para que comprobéis cuál sea la buena voluntad de Dios, agradable y perfecta» (Romanos 12:2).

Necesitamos ser transformados en nuestra manera de pensar, dijo el apóstol Pablo. Dios no quiere que nos conformemos a este mundo, que hablemos igual que ellos ni que actuemos como ellos. Él quiere que su pueblo sea diferente, pero no aislado. Él nos necesita para que seamos sal y luz en el mundo. El mundo es el entorno donde trabajamos, los lugares donde gastamos nuestro dinero, los amigos con los que pasamos tiempo estudiando, conversando o conviviendo.

«Santifícalos en tu verdad», declara Jesús en el versículo 17 de Juan. La palabra «santificar» significa «guardar, cuidar». Jesús no dijo: «Sepárenlos del mundo». Él pidió: «Cuídalos en tu Palabra».

Nuestro pensamiento y nuestras palabras deben estar de acuerdo con la Palabra de

Dios, para que cuando en el mundo nos oigan hablar, lo que digamos sea de edificación y bendición a todas las personas que nos escuchen.

«Como tú me enviaste al mundo, así yo los he enviado al mundo» (v. 18). A través de esta oración, Jesús nos entregó la misión en esta tierra. La misma razón por la cual Jesús vino a caminar entre nosotros es la misión que nos encomendó hacer en este mundo. Él desea que caminemos entre la gente, pero de una manera distinta, extraordinaria, excelente. Y que cuando vean nuestra manera de andar, glorifiquen al Padre que está en los cielos.

Para que esto ocurra, es necesario que consideremos algunos temas importantes:

PALABRAS EXCELENTES

«Ninguna palabra corrompida salga de vuestra boca, sino la que sea buena para la necesaria edificación, a fin de dar gracia a los oyentes.»
—EFESIOS 4:29

Necesitamos guardar nuestras palabras. Debemos ser tan particulares en nuestra forma de hablar, de manera que ello nos convierta en «artesanos de palabras». Es decir, debemos cuidar sobremanera lo que decimos a tal grado que cada comunicación esté bien pensada, bien filtrada, bien madurada y bien comunicada. En nuestra boca, debería estar siempre la Palabra eterna de nuestro Señor. Nuestro hablar por necesidad debe ser distinto al del mundo, de tal manera que nos pregunten: «¿Qué tienes que eres tan distinto a los demás?». Entonces, les podremos decir que tenemos la Palabra de Dios escrita en la mente y el corazón.

¡Cuán importante es el comunicarnos correctamente! Necesitamos recordar que Proverbios 18:21 dice que la muerte y la vida están en el poder de la lengua.

MODALES EXCELENTES

Nuestros modales ante la gente representan nuestra tarjeta de presentación. La ceremonia en el trato, la manera en que hablamos y la forma en que nos conducimos nos representan.

Al estudiar el libro de Lucas, me llamó poderosamente la atención descubrir que Jesús crecía en gracia delante de Dios y de los hombres. Esto significa que era una persona que hallaba gracia ante la mirada de la gente. No es lo mismo «ser gracioso» que «hallar gracia». Caer en gracia representa encontrar favor con los hombres de tal manera que digan: «¡Qué linda persona! ¡Qué bien educada!», y la respuesta favorable por parte de la gente trae favor y abre puertas. El trato de Jesús causaba muy buena impresión en la gente.

Si cuando hablamos con alguien lo miramos a los ojos y lo escuchamos atentamente, lo hacemos sentir importante, y la persona abre su corazón y derrama gracia sobre nuestra vida. Pero si nos están hablando y miramos para otro lado, no le caeremos en gracia. Necesitamos pedirle al Señor que nos ayude a tener excelentes modales, a hacer sentir a las personas las más importantes del universo. Cuando saludamos, debemos hacerlo con un apretón de manos firme, con una postura y una actitud que refleje nuestro conocimiento cultural. Estas son sólo cosas pequeñas, externas, que reflejan un compromiso con una actitud interna de excelencia.

Hábitos excelentes

Existen algunas costumbres que debemos afianzar en nuestra vida hasta que se transformen en hábitos.

Dentro de la disciplina espiritual, por ejemplo, es necesario crear el hábito diario de la lectura de la Biblia, aunque sea por sólo unos minutos al día. La Palabra de Dios leída permanecerá en nuestro corazón durante ese día y toda una vida. Cuanto más de su palabra ingresemos en nuestra vida, más seguro estaremos y más constantes seremos.

Otra disciplina necesaria es el congregarse. Cuando estamos reunidos, nos animamos los unos a los otros. Nos damos cuenta que todos luchamos juntos para llegar a ser más como nuestro Señor.

Hablar de nuestra fe es otra parte de la disciplina espiritual. Debemos decirles a nuestros familiares y vecinos lo que Dios está haciendo con nosotros, e invitarlos a nuestro grupo de hogar o iglesia para que ellos también puedan conocer a Dios.

En cuanto a las disciplinas personales, debemos considerar algunos puntos importantes. La excelencia no tiene que ver con el materialismo ni el dinero, sino con la forma que acostumbramos hacer las cosas, con una actitud de agradecimiento a Dios.

Por ejemplo, cuando éramos niños, mi mamá no nos dejaba salir de la casa sin pasar por la inspección que ella o mi papá realizaban. Varias veces, tuvimos que regresar al cuarto a cambiarnos si no reuníamos el requisito de excelencia que ella nos establecía. Mi papá nos peinaba cada mañana hasta que aprendimos a hacerlo solos. Nos untaba fijador en gel para que no se nos moviera ni un cabello. El aliento debía ser agradable y las axilas debían estar acicaladas. Estos hábitos brindaban buen testimonio de la familia, y no avergonzaban a nuestros padres, sino que los enorgullecían.

Además, es muy importante que cada cristiano desarrolle la disciplina profesional. Por ejemplo, el hábito de la puntualidad, el entusiasmo, la honestidad, la rectitud y la responsabilidad en el trabajo mejora nuestra relación laboral con el jefe. Nunca debemos olvidar que el buen trato entre colaboradores es parte de una buena semilla sembrada, y que en algún momento terminaremos cosechándola.

La excelencia no es materialismo, legalismo ni perfeccionismo; es el punto más elevado de esfuerzo en lo que tengo a mi alcance con una actitud correcta para que cuando el mundo vea mi vida, glorifique al Padre que está en los cielos.

CAPÍTULO 5

EXCELENCIA
FINANCIERA
POR ANDRÉS PANASIUK

José le escribió una carta a su novia, María, que decía:

«María, eres lo mejor que me ha pasado en la vida. Haría cualquier cosa por ti. María, por ti subiría los montes más altos y descendería a los valles más bajos. María, cruzaría los océanos, los mares y los ríos con tal de ver tus preciosos ojos negros.

María, yo te amo como nadie te ha
amado antes y nadie te amará.

Te quiere,
José

P.D.: María, nos vemos el domingo... si
no llueve.

Tal vez te identificas con María o José, pero
esta ilustración refleja claramente que así
somos los cristianos. Decimos que sí, pero
es no. Decimos: «Señor, tú eres el Rey de
reyes y Señor de señores, pero la billetera es
mía». Cantamos con Marcos: «Tuyo es el
reino», pero el negocio lo manejo yo porque
sé cómo hacerlo mejor. Decimos una cosa,
pero hacemos otra.

Cuando los cristianos latinoamericanos
hablan de cualquier tema religioso, son
unos leones, van a la iglesia más que los que
no son cristianos, leen la Biblia más que los
no cristianos y dan los diezmos como nin-
gún otro lo hace. Sin embargo, cuando
hablamos de cuestiones económicas o
financieras, hacemos lo mismo que los que

no son cristianos. Tenemos los mismos agujeros en el banco y los mismos problemas económicos que el mundo. Manejamos nuestra vida económica de la misma manera que lo hace el mundo.

Uno de los problemas más serios de la iglesia en Latinoamérica es que no posee un criterio bíblico para tomar decisiones económicas, pero tenemos buen criterio bíblico para tomar decisiones en cuanto a la familia.

Durante años, nos han enseñado cómo criar a los niños, cómo resolver problemas matrimoniales. Y lo hacemos bien porque tenemos criterio para resolverlos. Pero cuando se trata de tomar decisiones económicas, no tenemos criterio bíblico. Entonces utilizamos el criterio que nos enseña la televisión, la radio, las revistas, los expertos en economía, los tíos y los abuelos. Luego, nos metemos en problemas porque ellos no conocen los principios de la Palabra de Dios para manejar nuestra economía familiar.

Hay algunos conceptos importantes que debemos considerar para alcanzar la excelencia económica y vivir dentro de ella:

DESCUBRA LA BENDICIÓN DE JEHOVÁ

*«La bendición de Jehová es la que enriquece,
y no añade tristeza con ella.»*
—PROVERBIOS 10:22

Lo más importante no es lo que dicen los expertos en asuntos financieros, lo más importante es lo que la Palabra de Dios dice, y nosotros debemos aprender a obedecerla.

Lo que enriquece es la bendición de Jehová, no el trabajo duro, la inteligencia ni los estudios. No se trata de «serrucharle el piso al jefe», no son las conexiones que tienes en el trabajo o en la ciudad lo que enriquece, sino la bendición de Jehová.

Los varones latinos tenemos que dejar de pensar que somos los proveedores del hogar, y los pastores tenemos que dejar de enseñar eso. Desde pequeñitos, se nos enseñó a ser los proveedores, pero el único proveedor de nuestro hogar es Jehová Jireh, el Dios proveedor.

Al viajar por América Latina, encontré hombres sumidos en una profunda depresión porque perdieron su trabajo y se supone que ellos deben ser los proveedores del hogar. Sin embargo, tienen que confiar en Dios, quien les dará su provisión. Pídale a Él que lo sostenga en medio de la angustia, en medio de la dificultad.

Cuando recién nos casamos, mi esposa, Raquel, y yo vivimos en Chicago. Yo ganaba $400 al mes y trabajaba a tiempo parcial en el ministerio. Mi esposa también ganaba $400 al mes. Y tan sólo el alquiler de nuestro apartamento costaba $435. Eso demostraba que un salario no era suficiente para cubrir los gastos básicos. A los pocos meses de casados, mi esposa enfermó gravemente, y por un año no pudo trabajar. Entonces, el sueldo se limitó a sólo lo que yo ganaba: $400 al mes. Ese fue el momento de nuestra vida en que aprendimos a confiar en Jehová Jireh para nuestra provisión.

Recuerdo que era asistente de pastor, y un domingo en la mañana, cuando bajaba del púlpito, una hermana se acercó y me dijo: «El Señor me ha dicho que te dé esto», y me entregó un dinero. Le agradecí su ayuda y obediencia a Dios. Al regresar a mi casa, encontré bolsos con provisión de mercadería para toda la semana. A veces, los lunes en la mañana abríamos la puerta y encontrábamos bolsos de supermercado con la compra de toda la semana. Jehová es nuestro proveedor. No tenemos que desesperarnos cuando no tenemos trabajo, debemos aprender a confiar en Él.

Otra situación que evidencié fue que los hombres se desesperan cuando las mujeres ganan más dinero que ellos. Sin embargo, eso no debe importar, pues Jehová Jireh provee para nuestra familia como se le ocurre. A veces provee a través del varón; otras, a través de la mujer. Y muchas veces, a través de los dos.

Por esa razón, es necesario aprender que la bendición de Jehová es la que enriquece. Su provisión es la que nos da todo lo que tenemos y necesitamos.

También encontré a hombres que —al llegar de su trabajo a la casa— regañan, se enojan, gritan y parecen que van a morder a alguien. Muchos varones creen que tienen el derecho a ser atendidos por su esposa al regresar del trabajo como si ellas fueran esclavas. Pero, ¿qué creen que son? Si trabajan o no, es totalmente irrelevante. Jehová es quien nos sostiene más allá de su trabajo.

Algunos dicen: «Necesito ir de vacaciones a Cancún para descansar porque trabajo mucho y me lo merezco». Permítame decirle qué es lo que usted merece: el infierno es su merecido. La Palabra de Dios dice «que todos hemos pecado, estamos destituidos de la gloria de Dios y que la paga del pecado es muerte». Como seres humanos, merecemos la muerte eterna. Al partir de esa premisa, las bendiciones que llegan a su vida vienen solamente por la gracia de Dios.

La bendición de Jehová nos enriquece y no añade tristeza con ella. No hay tristeza cuando la bendición de Jehová llega a su vida. La nueva economía del mercado y la sociedad capitalista en la que vivimos trajo conflictos muy graves.

Jehová lo ha bendecido para estar en una casa de dos cuartos, pero usted quiere tres. Jehová lo ha bendecido para tener un auto modelo de 1988, pero usted quiere uno de

1998. Jehová lo ha bendecido con un televisor en blanco y negro, pero usted quiere uno a color.

Entonces, ¿cómo prepara el salto entre la bendición de Jehová y el lugar donde quiere estar si no tiene dinero para estar ahí? ¿Cómo accedemos a lo que queremos cuando Dios no nos lo ha dado? Pues, comienza a endeudarse, a pedir crédito.

Desea comprar un televisor, pero como no tiene dinero, solicita pagar a plazos. Se lo lleva a su casa y se da cuenta que es muy bueno, pero que no tiene el mueble en el que luciría mejor. Toma su automóvil y conduce hasta el lugar donde venden muebles y, como no tiene dinero, solicita pago a plazos. Ya tiene el mueble y el televisor, pero cree que se escucharía mucho mejor si tuviera un equipo de sonido que lo complemente. Entonces va a la tienda y compra el equipo de sonido que acompaña al televisor. Y, por supuesto, como no tiene el dinero, solicita otro crédito.

Lo primero que pierde cuando cae en tantas deudas es la paz. ¿Ha perdido la paz por las finanzas? ¿Cómo está su vida financiera? ¿Siente paz, tranquilidad o hay discordia, pelea luchas y gritos en la casa?

A veces me preguntan: «¿Es que no tenemos que mejorar y vivir la vida lo mejor posible?». Y no es ese el problema, sino que debemos evaluar si lo que sentimos es contentamiento o conformismo.

Contentamiento es ser felices en el lugar que Dios nos ha colocado hoy día. De seguro que el año siguiente, Dios lo colocará en un lugar más alto. Pero si dentro de diez años está en un lugar más bajo, entonces se quejará. Pero esto no ocurrirá si aprende a estar contento. El tener mucho o poco dinero no tiene que hacer la diferencia en su vida.

El apóstol Pablo dijo: «He aprendido a contentarme, cualquiera que sea mi situación. Sé vivir humildemente, y sé tener abundancia; en todo y por todo estoy enseñado, así para estar saciado como para tener hambre, así para tener abundancia como para padecer necesidad. Todo lo puedo en Cristo que me fortalece» (Filipenses 4:11).

TRANSFIERA SUS PROPIEDADES AL SEÑOR

«El que confía en sus riquezas caerá;
mas los justos reverdecerán como ramas.»
—PROVERBIOS 11:28

«De Jehová es la tierra y su plenitud;
el mundo, y los que en el habitan.»
—Salmos 24:1

Si transfiere sus propiedades al Señor, se convertirá en administrador y no en dueño de sus cosas. Si no maneja su vida económica con la sangre fría de un administrador, no podrá tener sanidad financiera. Tiene que aprender que Él es el dueño y usted el administrador.

Una cadena de supermercados en El Paso, Texas, no funcionaba bien y daba perdidas desde hacía tres años. Entonces, ¿qué había que hacer con ese supermercado? Si usted es el gerente de toda la cadena de supermercados y hay serios problemas, pensará fríamente y dirá: «Hay que cerrar».

Imagine que vive en Puerto Rico y es dueño del mercadito que comenzó su abuelo hace muchos años y lo manejó toda su vida, su padre lo heredó y usted a su vez lo heredó de su padre. Desde hace unos cuantos años, este negocio viene teniendo problemas económicos, y el banco figura en rojo. ¿Qué haría usted?

¿Qué le costaría emocionalmente más cerrar: el gran supermercado en El Paso, Texas o el mercadito de Puerto Rico? Lo más seguro le costaría cerrar más el mercadito de Puerto Rico, porque es herencia de su abuelo. Esto significa que si está emocionalmente vinculado, porque todo eso es suyo, le costará tomar decisiones importantes; pero si solamente fuera el administrador, al ver que las finanzas no funcionan como esperaba, tomaría totalmente a conciencia la decisión de cerrar. Esa es la diferencia entre un dueño y un administrador. Dios quiere que usted sea el administrador de sus posesiones y no el dueño. El dueño está emocionalmente unido a su propiedad, el administrador no.

Dicto seminarios en distintas ciudades del mundo, y en una ocasión vino una mujer y me dijo: «Teníamos tantas deudas que perdimos la casa». Entonces le pregunté: «¿Sabe por qué la perdió? Porque era suya». Uno no puede perder algo que no es suyo. Si esta mujer se hubiera sentido administradora de esa casa, simplemente hubiera dicho: «Andrés, teníamos tantas deudas que tuve que transformar un activo en un pasivo». Pero el corazón de esa mujer estaba sentido por la pérdida, porque nunca le habían enseñado que todo lo que tenemos es del Señor.

VIVA DENTRO DE LA BENDICIÓN

«Fíate de Jehová de todo tu corazón, y no te apoyes en tu propia prudencia.»
—PROVERBIOS 3:5

Acepte la dirección de Dios en su vida. Recuerde que la salvación es incondicional, pero la bendición está condicionada a la obediencia.

La Palabra de Dios dice que nos fiemos de Jehová, no dice que nos fiemos de los asesores financieros de este mundo.

Si no obedece la Palabra de Dios, de nada vale la intención de su corazón. Si con las mejores intenciones me tiro al vacío desde el piso número veinte de un edificio, lo que me va a ocurrir es que me voy a romper la cabeza. Hay ciertas leyes en la Palabra de Dios muy útiles para manejar nuestra vida financiera. Hay más de 2,350 versículos que enseñan específicamente cómo manejar las finanzas.

Necesitamos aprender a obedecer a Dios. Pensamos en lo que Dios puede hacer por mí en vez de pensar en lo que yo tengo que hacer por Él. Hay muchas cosas que Dios hace por nosotros, pero también nosotros tenemos que hacer cosas por Él. Una de ellas es OBEDECER su santa Palabra.

Durante una cruzada evangelística del Dr. Luis Palau, una señora se acercó y me dijo que su esposo, quien era abogado en México, tenía muchas preguntas que hacerme, de poder conversar conmigo. Al presentarme y sentarnos a conversar, me dijo:

«Tengo una oficina junto a otros cuatro abogados que no son cristianos, y la Palabra de Dios dice que no debemos unirnos en yugo desigual con los incrédulos. ¿Se aplica este principio a mi vida de negocios? ¿Qué debo hacer?».

Mi respuesta fue: «Ve a tu casa y busca la presencia y la guía del Espíritu Santo». Al día siguiente, me fui de la ciudad, pero un año después regresé para una conferencia de pastores. Al finalizar el evento, un pastor me llamó y dijo: «Hay un abogado afuera que lo está buscando». Cuando fui a ver de quién se trataba, era aquel abogado, y quería contarme lo ocurrido.

Con una sonrisa en sus labios, comenzó el relato: «Aquel día, usted me aconsejó buscar la guía de Dios para resolver mi situación. Cuando regresé a mi casa, reuní a toda mi familia y le dije que dejaría la oficina con los otros abogados. Me miraron a los ojos y dijeron: «¿Estás loco? Tienes familia, responsabilidades y necesitas cubrir los gastos. ¿Cómo vas a abandonar la oficina de abogados más grande de la ciudad, y que tú mismo comenzaste?». «Pero en mi corazón, supe que debía obedecer la Palabra de Dios. Entonces dejé la oficina. Los resultados de esta decisión fueron los siguientes:

1. Me llevo mejor con mis hijos. Antes salía a trabajar muy temprano en el mañana y no los veía. Al regresar por la noche, ya estaban durmiendo. Estaba con ellos unas pocas horas los fines de semana. Hoy, me levanto en la mañana y les preparo el desayuno. Los llevo a la escuela y, si regresan tarde, los voy a buscar. Comemos juntos, jugamos a la pelota, y disfruto el tiempo que estamos juntos.

2. Me llevo mejor con mi esposa. Ella también es abogada, y no podía trabajar conmigo porque alguien tenía que cuidar a los niños. Pero ahora ella instaló su oficina en una de las salas de la casa, y yo estoy instalando la mía en el garaje. Trabajamos juntos y resolvemos problemas todos los días. Antes, cada vez que nos veíamos, peleábamos.

3. Ahora gano más dinero que antes. Descubrí con mi esposa que mis socios me robaban y justificaban gastos que no existían. Como estaba muy ocupado, no me daba cuenta. Muchos de los clientes sabían que yo era un cristiano hecho y derecho; así que al abandonar la oficina, los clientes más grandes decidieron seguirme».

Aunque las cosas no parezcan ir bien, al obedecer la Palabra de Dios y sus principios correctos, podemos decir por fe: "El Señor es mi ayudador".

Hay una poesía de Francisco Luis Bernárdez con la que quisiera finalizar este capítulo, y dice lo siguiente:

Si para recobrar lo recobrado
debí perder primero lo perdido,
si para conseguir lo conseguido
tuve que soportar lo soportado,

Si para estar ahora enamorado
fue menester haber estado herido,
tengo por bien sufrido lo sufrido,
tengo por bien llorado lo llorado.

Porque, después de todo, he comprobado
que no se goza bien de lo gozado,
sino después de haberlo padecido.

Porque, después de todo, he comprendido
por lo que el árbol tiene de florido
vive de lo que tiene sepultado.

DR. ANDRÉS PANASIUK es escritor, maestro y conferenciante. Posee una licenciatura en Ciencias de la Comunicación Social, con una especialización en comunicación interpersonal y de grupo. Actualmente, es el director del departamento hispano de Crown Ministries (Larry Burkett), ministerio dedicado a enseñar los principios bíblicos sobre las finanzas.

Si desea mayor información sobre Conceptos Financieros Crown, por favor, escriba a:

conceptosfinancieros@crown.org

o comuníquese a los teléfonos en USA:

(770) 532-5750,

en Guatemala

(502) 331-3150.

Además, puede visitar la página web:

www.conceptosfinancieros.org
www.crown.org.

CAPÍTULO 6

EXCELENCIA
EMOCIONAL

¿Alguna vez perdió algo? En una ocasión, escondí en mi casa una llave muy importante en un lugar que no quería que nadie supiera. Le conté a mi esposa, Miriam, dónde la había guardando y agregué: «Sólo nosotros dos sabemos dónde está». Días después, me había olvidado dónde la había escondido. Entonces, le pregunté a Miriam, y ella tampoco se acordaba. La había escondido tan bien que nadie la podía volver a encontrar. ¿Le ha pasado eso a usted?

A veces, escondemos tan bien las cosas que ni siquiera nosotros podemos encontrarlas. Eso mismo ocurre frente al desorden. El enemigo utiliza nuestro revoltijo y escombro emocional para detener nuestra vida y mantenerla en tristeza. Muchos luchan con la depresión, la amargura y la tristeza, y solamente necesitan entender que cuando Jesús murió en la cruz del Calvario, otorgó liberación y sanidad a todas las áreas de nuestra vida.

Por muchos años, trabajó conmigo una gran mujer llamada Gloria Quiñones. Cuando no podía encontrar algo en su escritorio, empezaba a decir: «¿Dónde estás, corazón… que no oigo tu palpitar». ¡Qué cantidad de tiempo perdemos al buscar cosas que no podemos encontrar! Lo mismo ocurre con nuestras emociones y nos preguntamos: «¿Dónde dejé el gozo? ¿Dónde dejé la alegría, que no la puedo encontrar?».

La falta de orden emocional es consecuencia de las experiencias dolorosas vividas como, por ejemplo, una muerte en la familia o de algún ser querido, el abandono, el distanciamiento de alguien que amamos, las ofensas y la desilusión, entre otras. O tal vez una traición. ¡Qué doloroso es ser traicionado! Todas estas situaciones acarrean desorden a través de las emociones enfrentadas.

Un día, me encontraba en la entrega de unos premios a los cuales estaba nominado en una categoría y tenía posibilidades de ganar. Sin embargo, mientras me estaba bañando pensé: «Si no me dan ese premio, igual voy a estar alegre». Me dispuse a no amargarme ni entristecerme si no ganaba. No permitiría que la desilusión me robara la paz.

Lo que sucede es que muchas veces las experiencias tristes nos quitan la alegría, nos roban la paz, y las emociones se ven tan afectadas que invaden nuestra vida con angustia.

Dios es un ser emocional, y como la Biblia dice que fuimos hechos a imagen y semejanza de Él, el hecho de que tengamos emociones es porque Él las tiene. Si nosotros reímos, es porque Dios también se ríe. A Él le encanta reír, pero también llora. A través de la Biblia, también lo conocemos como un Dios que manifiesta su ira.

Muchas de las descripciones bíblicas manifiestan sus emociones.

Sin embargo, las emociones no deben gobernar nuestra vida. Debemos sobreponernos y aprender a tener orden en nuestros sentimientos para que no destruyan la vida que el Señor quiere darnos. El desorden emocional quita la paz y produce una continua frustración y desesperación.

MANIOBRAS DEL ENEMIGO

La Biblia dice que no debemos ignorar las maquinaciones del enemigo, pues él es muy hábil en utilizar los golpes emocionales de nuestro pasado como una posible arma de destrucción contra nosotros. Utiliza las experiencias vividas como una fuente de recursos para susurrarnos al oído frases como: «No vales nada. Nadie te quiere. Nadie te valora. Nadie sabe lo bueno que eres. Todos te usan».

Es aún más peligroso cuando nos dice: «No vale la pena vivir, quítate la vida». Sin embargo, debemos saber que la vida sí vale la pena vivirla cuando conocemos al autor de la paz y el amor. Vale la pena vivir la vida en su plenitud.

El enemigo aprovecha las circunstancias tristes grabadas en nuestra memoria emocional para tomarse de ellas y llevar desánimo, depresión y agotamiento emocional a una vida.

Hay personas que viven en la frustración, con una gran desesperación porque piensan que nunca podrán cambiar sus circunstancias. Piensan que están en un remolino del que no pueden salir. Mientras no encontremos orden emocional, viviremos así. En medio de esas circunstancias, algunos sospechan que los demás siempre traman cosas contra ellos: «¿Viste cómo te miró? ¿Observa cómo te mira? ¿Con quién hablará por el celular?». Continuamente viven imaginando que alguien quiere matarlos o hacerles algún tipo de daño.

La Biblia dice que el diablo ha venido para matar, robar y destruir. Ese es su único objetivo, y, para lograrlo, muchas veces utiliza nuestro propio desorden emocional.

Cuando vivimos en esa inestabilidad, perdemos tiempo, entusiasmo y energía.

En diciembre del año 2000, viví un golpe emocional muy fuerte. Durante ese tiempo, mi desánimo era tal que una tarde decidí buscar por la Internet cuáles eran los requisitos para ingresar como piloto comercial en las líneas aéreas (ya que soy piloto), porque no tenía deseos de continuar en el ministerio. Esa idea de abandonar todo y dedicarme a otra cosa comenzó a anidarse en mi mente. Quería cambiar mi carrera, abandonar el ministerio, dejar la música, no cantar más y entregar todo a otras personas. Tomar esa decisión representaba una manera de huir de lo que en realidad no quería afrontar.

Mi esposa, Miriam, a la cual honro, pasó un tiempo de intensa oración por mí. Me miraba y declaraba: «No harás eso», refiriéndose a que no dejaría el ministerio. Cada vez que ella me veía buscando información laboral en mi computadora, me decía: «No lo harás». Hoy, años después, entiendo que en mi vida había un desorden emocional que me costaba enfrentar y ordenar.

Finalmente, con la ayuda del Señor, le puse el orden que necesitaba, y no me di por vencido. No sólo desistí de abandonar el ministerio, sino que creció de tal manera que ahora entiendo que el Señor me pasó por un horno de purificación muy necesario en mi vida personal y emocional.

¡Cuánto tiempo perdemos llorando y lamentándonos! No deseo minimizar el dolor que pueda usted haber vivido. De hecho, después de un golpe emocional, es necesario tener un tiempo de duelo, pero no podemos quedarnos en el funeral para siempre. Tenemos que seguir caminando. Pongamos el clavelito en el féretro de nuestro dolor y sigamos adelante en el nombre de Jesús.

Pasado que condena

Cuando llegó al palacio la noticia de la muerte de Saúl y Jonatán, la nodriza del hijo de Jonatán, de tan sólo 5 años, lo tomó y huyó apresuradamente. En ese momento, a la nodriza se le cayó el niño de los brazos y, a raíz de ese golpe, éste quedó cojo. Su nombre era Mefi-boset. En 2 Samuel 4 se relata la historia.

Mefi-boset sufrió un golpe físico y emocional muy fuerte en su vida, y no sólo tenía evidencias físicas de su pasado, sino también tenía cicatrices emocionales.

Una mañana, el rey David preguntó: «¿Ha quedado alguien de la casa de Saúl, a quien haga yo misericordia de Dios?». Mefi-boset era el único que había quedado con vida porque lo habían escondido para que no lo mataran.

Este muchacho creció en el exilio, en el abandono, escondido de todo el mundo. Tenía problemas muy serios de identidad que debía resolver. Sin embargo, su encuentro con el rey David trajo extraordinarios cambios a su vida.

David mandó buscar a Mefi-boset, y al verlo le dijo: «No tengas temor, porque yo a la verdad haré contigo misericordia por amor de Jonatán tu padre, y te devolveré todas las tierras de Saúl tu padre; y tú comerás siempre a mi mesa» (2 Samuel 9:7).

La respuesta del joven fue asombrosa: «¿Quién es tu siervo, para que mires a un perro muerto como yo?». Mefi-boset se veía a sí mismo como un perro muerto ante los ojos del rey. Estaba emocionalmente descuidado y desarreglado. El temor, el exilio y la falta de autoestima dieron como resultado esta actitud y perspectiva de sí mismo. Sin embargo, es asombroso descubrir lo que un poco de gracia puede producir en una persona.

GRACIA QUE TRANSFORMA

Luego del encuentro, David llamó a Siba, siervo de Saúl, y le dijo: «Todo lo que fue de Saúl y de toda su casa, yo lo he dado al hijo de tu señor. Tú, pues, le labrarás las tierras, tú con tus hijos y tus siervos, y almacenarás los frutos, para que el hijo de tu señor tenga pan para comer; pero Mefi-boset el hijo de tu señor comerá siempre a mi mesa. Y tenía Siba quince hijos y veinte siervos» (2 Samuel 9:9-10).

De seguro, podremos reconocernos en diversas partes de esta historia e identificarnos con ella, porque antes de nuestro encuentro con el Rey vivíamos igual que Mefi-boset, aislados, temerosos y lastimados por el pecado y el engaño de Satanás. Quizá nos mirábamos en el espejo y —al igual que aquel joven— decíamos: «Soy un perro, no sirvo para nada, nadie me quiere». Pero, de repente, experimentamos la gracia de Dios que nos lavó, cambió nuestra ropa y puso sobre nuestros hombros un manto de justicia. Con su amor, perdonó nuestros pecados, levantó nuestra cabeza y nos dio un lugar en su mesa. Ahora podemos sentarnos a comer con él y decir: «¡Yo soy hijo del Rey! ¡Me siento en su mesa y me visto con vestiduras reales!». ¡Cuán grande es la gracia de Dios!

Antes de sentarlo a la mesa, los siervos bañaron a Mefi-boset y lo vistieron con vestimenta nueva. Su condición de lisiado no había cambiado. No obstante, su percepción sobre él mismo fue otra. La lección aquí es que no tiene importancia cómo esté nuestra condición exterior si tenemos paz y orden interior.

Tal vez el golpe emocional que ha experimentado usted le dejó una llaga que nunca ha podido borrar, pero cuando esa herida es sanada, se transforma en cicatriz. Usted podrá ver el rastro de lo que lo lastimó y golpear sobre la herida, pero ya no le dolerá. Eso es lo que el Señor hará con su vida. Él sanará su herida y la curará totalmente.

Hoy es el día en que el Rey nos invita a que nos sentemos a su mesa y comamos el resto de nuestros días con Él. Quizá todavía tengamos la cicatriz que dejó el pasado, como la parálisis de Mefi-boset, pero nuestra posición cambiará y la percepción de nosotros mismos también. Él quiere decirnos: «Hijito mío, yo te puse mi nombre, siéntate a la mesa y disfruta de mi abundancia».

PASOS HACIA EL CAMBIO

El primer paso hacia el cambio es: «Darse un buen baño. El escombro emocional apesta».

Cuando Mefi-boset llegó al palacio, su apariencia externa demostraba su desorden interno. El muchacho vivía en un lugar donde nadie ponía atención en él, nadie lo veía, posiblemente igual que muchos de nosotros. Sin embargo, el Señor quiere que nos bañemos con su Palabra y permitamos que corra por toda nuestra vida para que el lodo emocional que cubría nuestro corazón, se diluya en un simple recuerdo. Entonces, nuestra vida emocional se aclarará por la pureza del agua cristalina de la Palabra de Dios. Como resultado del refrescante baño, nuestra actitud y posición en la vida cambiará. Muchas veces, nuestra actitud apesta el ambiente donde estamos, y necesitamos darnos un baño con la Palabra de Dios.

Recuerdo la risueña historia de un vagabundo que caminaba desde la ciudad de México, D.F. hasta León, Guanajato, una ciudad en el centro del país de México. Como ya estaba cansado de caminar durante varios días, detuvo un vehículo y le preguntó al conductor: «¿Cuánto me falta para llegar a León?». Antes de responder, el hombre lo olió y dijo: «Rugir… nada más».

David exclamó en el Salmo 18, versículo 6: «En mi angustia invoqué al Señor». El salmista tuvo angustia. Por lo tanto, si usted también la siente, haga lo mismo que hizo él: invoque a Dios. La carta a los hebreos dice que Dios es galardonador de los que le buscan. Búsquelo, y le aseguro que se encargará del revoltijo emocional de su vida. Tome de su tiempo para leer y estudiar la Palabra de Dios. Recuéstese sobre el pecho de Jesús, que el perfume de su presencia lo cubrirá y el olor de la apestosa emoción vivida se irá.

El segundo paso es: «Buscar un consejero».

Eclesiastés 4:9 y 10 dice: «Mejores son dos que uno porque tienen mejor paga de su trabajo. Porque si cayeren, el uno levantará a su compañero; pero ¡ay del solo! que cuando cayere, no habrá segundo que lo levante». Cuando somos dos, si uno cae está el otro para levantarlo. Cuando uno se pone triste, el otro está para ayudarlo a contentarse. Busque a alguien que lo ayude, y que cuando vea su rostro caído, pueda orar con usted y sostenerlo en el momento difícil.

**El tercer paso es: «Vivir con una
continua actitud de perdón».**

Mi amigo, Abel Medina Jr., un muchacho que a pesar de su juventud tiene una
impresionante profundidad, me dijo algo en
una ocasión que me impactó: «Nadie puede
ofenderme sin mi permiso». ¡Cuánta verdad
hay en esta declaración! Muchas veces nos
ofendemos porque nosotros mismos permi-
timos la ofensa. Si vivimos con una continua
actitud de perdón, eso no nos sucederá.

El Señor dijo que si no perdonamos las
ofensas de otros, nuestras ofensas no serán
perdonadas. Debemos perdonar de inme-
diato cuando nos ofenden. El apóstol Pedro
preguntó: «¿Cuántas veces tengo que perdonar? ¿Siete?». Y el Señor le dijo: «No, Pedro,
hasta setenta veces siete». Jesús se refería
específicamente a perdonar setenta veces
siete cada ofensa; o sea, 490 veces cada una.
Seamos rápidos en perdonar.

**El cuarto paso es: «Cambiar los patrones
mentales».**

Para lograr orden emocional, es necesario que pensemos de otra manera. La

Palabra dice: «No os conforméis a este siglo, sino transformaos por medio de la renovación de vuestro entendimiento» (Romanos 2:2). Dejemos de pensar mal de la gente y pensemos bien de ella. Pongámosle pensamiento a nuestros pensamientos.

El quinto y último paso es: «Cambiar la manera de hablar».

Cuando cambiemos nuestra manera de pensar, cambiaremos nuestra manera de hablar. Debemos comenzar a hablar de otra manera y decir: «Soy un campeón…", "No soy víctima…", "Soy victorioso…", "Voy a prestar a las naciones y no voy a pedir prestado…", "Soy más que vencedor por medio de Aquel que venció por mí». Jesús dijo que aquello que digamos es lo que conseguiremos (Marcos 11:23). Lo que digamos nos será hecho. Si decimos que somos un desastre, lo seremos. Así que, comencemos a declarar aquellas cosas sobre nuestra vida que queramos que lleguen a ser una realidad.

El libro de Jeremías dice: «Y su alma será como huerto de riego, y nunca más tendrán dolor» (31:12). El aroma de un huerto recién regado es maravilloso. Eso nos ocurrirá si decidimos a dar estos cinco pasos esenciales para alcanzar el equilibrio emocional que tanto deseamos. Caminaremos por la vida, y al vernos pasar la gente, percibirán lo rico que olemos. Es el perfume de la presencia del Señor que está en nosotros.

Alcanzar la excelencia es hacer lo mejor que podemos con lo que tenemos a nuestro alcance con una buena actitud. Seamos excelentes en nuestras emociones, y el mundo se dará cuenta que hay algo diferente en nosotros.

CAPÍTULO 7

TESTIGOS
EXCELENTES

A menudo, se nos anima que pongamos en práctica aquello que decimos. Otras veces, se nos dice que debemos asegurarnos de que nuestras acciones y nuestra boca estén de acuerdo. Sin embargo, si nuestra conducta no está en armonía con nuestra confesión de fe, esa discrepancia anula el testimonio del evangelio que proclamamos.

Hasta donde sabemos, Mahatma Gandhi nunca se hizo cristiano, pero cuando le pidieron que pusiera su mensaje en una oración corta respondió: «Mi vida es mi mensaje».

En el viaje que emprendimos desde el primer capítulo, nos hemos referido a la importancia de vivir una vida tan excelente que provea al mundo un modelo. Nuestra vida debe reflejar tanta excelencia que haga que el mundo se antoje de vivir como nosotros. Somos la mejor publicidad que tiene Jesús en esta tierra.

Jesús dijo: «Así alumbre vuestra luz delante de los hombres, para que vean vuestras buenas obras, y glorifiquen a vuestro Padre que está en los cielos» (Mateo 5:16).

Desde el principio, el Señor anheló que nuestra vida fuera un modelo de su gloria, un modelo de su reino. El relato que encontramos en el capítulo uno del libro de los hechos revela que el Espíritu Santo debe venir sobre nosotros para darnos poder para ser testigos. De esta manera, nuestra vida debe ser una carta que pueda leerse en todo el mundo. Cuando la lean, nuestra esperanza debería ser que la gente diga: «ese es el estilo de vida que me gustaría vivir».

TESTIGOS EFICACES

Para ser un testigo eficaz, necesitamos vivir una vida de integridad. Según la Real Academia Española, la palabra «íntegro» significa «que no carece de ninguna de sus partes». También significa «persona recta, proba, intachable».

Una persona íntegra es aquella que vive en público de la misma manera que vive en privado. Para ser un testigo excelente, se requiere una vida de integridad. Si le hablamos al mundo acerca del amor de Dios, necesitamos mostrarlo a través de nuestra vida y nuestras acciones. Si hablamos de fidelidad a nuestra esposa, debemos serle fiel. Si hablamos acerca del perdón, debemos ser el primero en perdonar. Si enseñamos sobre honestidad, debemos cuidar que la cuenta bancaria siempre tenga dinero cuando firmemos los cheques. Si predicamos acerca de la excelencia en el trabajo, tenemos que cumplir con el horario laboral y el compromiso del mismo. Si somos patronos, necesitamos cumplir con nuestros empleados. Si somos supervisores, tenemos que mostrar el amor de Dios y su justicia con aquellos que están bajo nuestra autoridad. Esto debe ser así porque nuestras acciones deben alinearse con nuestras palabras, y eso nos hace tener credibilidad. Eso es integridad.

Para ser un testigo eficaz, debemos ser un testigo inteligente. Jesús dijo en Mateo 10:16 que debemos ser «astutos como serpientes, y sencillos como palomas» (NVI). Para lograr esta conjugación, debemos poner a trabajar nuestra mente antes de poner a hablar nuestra boca.

Por ejemplo, si queremos compartir el mensaje del evangelio de Jesús con alguien, busquemos primero la manera de entrar en tema. Muchas veces, tratamos de ganar gente para Cristo y dar testimonio, pero somos bruscos en la manera de predicar, sin tener la sensibilidad adecuada para obtener un resultado positivo. El Señor quiere que escojamos bien tanto las palabras como la forma de decirlas. Necesitamos ser testigos inteligentes.

Mientras meditaba sobre esto, recordé la historia de un sargento que era bruto en su manera de hablar. Un día, los soldados estaban todos en fila, y mientras les daba las instrucciones finales antes de permitirles ir a descansar, dijo: «Necesito que todos regresen a sus dormitorios, excepto el soldado Martínez. Tengo que avisarle que su mamá murió, y debe ir a arreglar sus asuntos a la oficina». El sargento no tuvo la sensibilidad de decírselo en privado ni con mucho tacto. Al día siguiente, le informan al sargento que la mamá de Sánchez había muerto, pero que por favor tuviera un poquito más de sensibilidad y no le diera la noticia en público. El sargento pensó y pensó, y tuvo una gran idea. Puso a todos los soldados en fila y dio sus instrucciones, pero antes de despedirlos les dijo: «Todos aquellos que tengan mamá, den un paso para adelante. Sánchez, ¡quédate ahí donde estás!». En ocasiones, nos parecemos al sargento en que no buscamos la mejor manera de expresar nuestro mensaje.

Hace muchos años, cuando era pastor de jóvenes, nos reunimos con otros pastores de jóvenes de nuestra ciudad y fuimos a la Plaza de Armas a evangelizar, cantar unas canciones y dar testimonio de nuestra fe.

Durante unos instantes, me separé del resto del grupo para ver cómo unos muchachos acomodaban unos elementos que necesitábamos. A los pocos minutos, se acercó una señora, me golpeó el hombro y, como era de otra congregación, no me conocía. Ella comenzó a predicarme: «Usted necesita conocer a Cristo; necesita arrepentirse de sus pecados». Fue tan insistente que para quitármela de encima, casi volví a aceptar a Cristo esa tarde hasta que le expliqué quien yo era. Los dos nos reímos bastante fuerte de la ocasión. Admiré su entusiasmo, pero sinceramente, le hacía falta mucha más sensibilidad y tacto a esa hermosa hermana de la fe.

Muchas veces, necesitamos tener más sensibilidad para poder conocer el contexto de las personas y predicarles acertadamente. Tenemos que buscar inteligentemente la relevancia de nuestro mensaje ante la necesidad que la gente está viviendo. Por ejemplo, habrá muchas ocasiones en que expresar el mensaje no requiere ni siquiera de palabras, sino de acciones.

Hace muchos años, fui a visitar a una señora que no podía hablar ni tenía la capacidad de moverse, pues estaba absolutamente confinada en una silla de ruedas y otra persona debía alimentarla. Visité a su familia varias veces y nunca decidieron recibir a Cristo como su Señor. Pero yo no iba para que ellos aceptaran a Cristo, sino para mostrarles el amor de Dios a través de una sencilla acción: mi visita. Muchas veces, lo que más impacta de una persona no son las palabras, sino sus acciones. Una sonrisa, un abrazo, un beso en el momento correcto puede resonar más fuerte que mil palabras gritadas desde las bocinas más estridentes que existan.

El testigo inteligente utiliza un vocabulario inteligible a nuestros tiempos. Hay cristianos que hablamos de una forma extraña y mística, con un vocabulario que a veces es difícil de entender. Después nos preguntamos por qué nadie nos entendió. Por ejemplo, decimos: «Subamos al monte de Jehová para sacrificar un holocausto de justicia en agradecimiento por la sangre del Cordero inmolado que fue puesta en la silla de propiciación derramada por nuestros pecados a través de la cual tenemos redención, justificación...».

Después de toda esa disertación, nuestro público se encuentra corriendo frenéticamente a buscar un diccionario para saber qué querían decir todas esas palabras sublimes que utilizamos. Es similar a la congregación que se retiraba del auditorio de una iglesia cristiana impresionada con el mensaje dominical del pastor. Todo el mundo se decía: «¡Qué gran mensaje!». Al llegar a casa, alguien que no había asistido preguntó de qué había predicado, y le miraron y dijeron: «No sabemos... pero estuvo tremendo». Mil veces prefiero ser un comunicador entendido que un comunicador admirado.

Necesitamos ser testigos inteligentes y utilizar el vocabulario de Cristo en términos inteligibles. Eso fue lo que Jesús hizo cuando caminó por la tierra. Él utilizaba las parábolas como sistema de enseñanza. A los fariseos les molestaba esto, porque era una forma muy popular de comunicarse con la gente. El lenguaje de comunicación utilizado en una parábola no era académico; sin embargo, fue el que Jesús eligió para alcanzar a las personas.

Utilicemos un vocabulario que la gente entienda. ¿Qué importa si no se quedan anonadados con nuestras palabras? Lo que la gente necesita es quedar impresionada con lo que el Señor ha hecho en nuestra vida. Los cristianos perdemos muchas oportunidades buenas por no tener un vocabulario más accesible.

He visto cristianos, bien intencionados, llegar a cenar a un restaurante, y cuando el mesero les pregunta: «¿Les puedo servir en algo?», ellos responden: «Sí, amén. Gloria a Dios». El mesero los mira asombrado, y no entiende nada de lo que están diciendo. Es tiempo de dejar ese vocabulario religioso y místico y, en su lugar, utilizar un lenguaje normal. Le aseguro que todos entenderán y se beneficiarán mucho más.

TESTIGOS SENSIBLES

Para ser un testigo excelente, es necesario expresar nuestra sensibilidad a través del amor. Necesitamos amar a la gente y ser sensibles a sus necesidades. El Señor dijo

que no vino a ser servido, sino a servir y dar
su vida en rescate de muchos (Mateo
20:28). Al igual que Dios, sirvamos y
demos nuestra vida por las personas.

En la Biblia encontramos que en una
ocasión, algunos de los discípulos alejaban a
los niños que querían acercarse a Jesús, pero
Él les dijo: «No los detengan; dejen que los
niños vengan a mí». El Señor los abrazaba.
Hoy en día, muchos de los discípulos del
Señor, en lugar de acercar a la gente a Jesús,
la alejan. Algunos con buenas intenciones,
pero mala formación; otros, simplemente
por falta de entendimiento.

Otro ejemplo es Bartimeo, el famoso
ciego de la Biblia, que estaba sentado al costado de la carretera gritando: «¡Jesús, hijo de
David, ten misericordia de mí!». Los discípulos se acercaron y le dijeron: «Cállese
hombre, Jesús está ocupado y no tiene tiempo para usted». Jesús tuvo que ir al rescate
de Bartimeo, a pesar de las acciones de sus
discípulos. Hasta la fecha, hay gente que
está enferma, ciega, encarcelada y que grita
pidiendo auxilio. Desgraciadamente, algunos de nosotros —que somos los discípulos

de Jesús— en vez de acercarla a Él, le pedimos que se calle. Deberíamos decirle a la gente: «Grite más fuerte, porque el Señor lo ama, y quiere acercarse y darle la respuesta que necesita».

A través de los diferentes textos de la Biblia, descubrimos a un Jesús que siempre tuvo compasión por aquellos que estaban sin dirección, sin rumbo. Se compadeció de los que padecían dolor y enfermedad. Un día, Jesús vio una gran multitud, tuvo compasión por ellos y los sanó de todas sus enfermedades (Mateo 14:14). También se preocupó por los que tenían hambre. Jesús era un hombre que se preocupaba por la gente.

Para ser un testigo efectivo de Jesús, debemos preocuparnos por la gente, por sus necesidades, por llevar sanidad a su vida, por mostrarle el amor de Jesús, por darle el consuelo del Espíritu Santo. Las personas necesitan ver en nosotros algo radiante y brillante, para que nos pregunten qué es eso especial que hay en nuestra vida. Entonces tendremos la oportunidad de decirles que tenemos el amor de Dios viviendo en nosotros, y que ellos también lo pueden tener si así lo deciden.

Los testigos sensibles no son ásperos ni hirientes. Pedro, el apóstol, se acercó a un hombre que intentaba apresar a Jesús, y con su espada le cortó una oreja. Muchos discípulos en lugar de ayudar a la gente, le quitan las orejas, las manos, y le rompen la boca. ¡No seamos ásperos! El Señor nos ganó con su amor eterno. No nos ganó a los golpes. Dice Juan 3:16: «porque de TAL manera nos amó, que dio a su hijo unigénito» (énfasis del autor). Fue su amor incondicional el que nos atrajo a sus pies.

La gente no necesita que la humillemos, pues ya conoce los pecados que ha cometido. No obstante, las personas necesitan escuchar que alguien las ama a pesar de sus errores. Enseñémosles el amor de Cristo. Dios nos dio abrazos y ternura para que les brindemos consuelo a las personas a través de nuestro abrazo inspirado y divino. Dios nos dio manos para que acariciemos al que está dolido. El amor de Jesús es el testimonio más eficaz que jamás haya existido. Mostremos con libertad ese amor a un mundo que está ansiosamente esperando que alguien lo abrace.

El mensaje del evangelio

Estoy convencido de que el evangelio es la única respuesta a las necesidades que tiene nuestro mundo. Jesucristo es la respuesta. Él dijo:

«Yo soy el camino, y la verdad, y la vida; nadie viene al Padre, sino por mí.»
—JUAN 14:6

Dios quiere levantar una generación de testigos eficaces y sensibles, que a través de su testimonio de vida, de una palabra inteligente, de la compasión y el amor, sean miles y miles los que conozcan la grandeza de este mensaje poderoso. El Señor quiere levantarnos para ser testigos excelentes de la verdad eterna. Si nos preocupamos más en mostrar el amor de Dios a las personas, Él se encargará de atraerlos a sus pies.

«Y yo, si fuere levantado de la tierra, a todos atraeré a mí mismo.»
—JUAN 12:32

La predicación del evangelio es el mejor mensaje que podemos llevarle al necesitado. Ser testigos de excelencia es la mejor manera de presentar ese evangelio. Debemos entregar nuestra vida a Cristo y vivir cada día forjando los principios y valores que reflejan su obra en nosotros.

El apóstol Pablo languidecía en un calabozo frío y húmedo en espera de su ejecución. Su actitud y decisión reflejaban la excelencia del mensaje en su vida. Unas semanas después, el apóstol debía presentarse ante Nerón, el emperador de Roma, quien le pondría fin a su vida. Sin embargo, Pablo siempre supo que, después de su muerte, recibiría la corona de la vida de manos del Rey de reyes. Su labor en la tierra como un testigo excelente sería recompensada en los cielos. Cientos de años después, entendemos que su vida fue de tal influencia, que formó parte de uno de los cambios más importantes que la historia jamás haya experimentado. De seguro, un historiador hubiera escrito varios libros acerca del esplendor de Nerón, y probablemente nunca hubiera mencionado a Pablo.

Sin embargo, hoy día el nombre de Nerón es un nombre que se le pone a las mascotas, y a nuestros hijos les ponemos Pablo. Por esa razón: «Vale la pena vivir para Cristo. Vale la pena ser un testigo de excelencia».

¿Quiénes somos?

Somos una organización con el propósito de dar a los líderes latinoamericanos en todo el mundo, instrumentos para aumentar el impacto de su liderazgo en las áreas en que se desempeñan.

Nuestra visión

Promover una cultura de liderazgo en Iberoamérica.

Nuestra misión

Apoyar al liderazgo iberoamericano a maximizar su potencial personal y como líderes, a través de eventos de equipamiento y de procesos, presentando material de promoción en cuanto a liderazgo.

Si desea ponerse en contacto con nosotros, escríbanos a:

Grupo CanZion
914 W. Greens Rd
Houston Tx 77067 USA

Tel. 281 873 5080, ext. 224
Fax 281 873 5084
www.lidere.org